Das angstfreie Leben

Das angstfreie Leben

Ein kleines Kompendium zur Angst und dem Weg, damit umzugehen.

Manuel Kolompar

1.Auflage 2018

Covergestaltung: @ galuhh (fiverr.com)

Coverfoto: depositphotos.com

ISBN: 9781729197271

INHALTSVERZEICHNIS

Einleitung

Gibt es das denn überhaupt?
Ein angstfreies Leben–ist das für dich ein erklärtes Ziel?

Diese und weitere Fragen, die mit der Angst und ihren Formen zu tun haben, kannst du in diesem Buch nachlesen. Du wirst erfahren, wie du damit umgehen kannst und wie dein Leben wieder erträglicher wird.

Allerdings ist es ohne dein Zutun nicht möglich. Allein das Lesen wird dir erste Schritte ermöglichen. Die weiteren Schritte wirst du selber weitergehen.

Ist deine Angst mit einem Krankheitswert zu sehen, bleibt dir der Besuch bei einem Facharzt nicht erspart. Die Informationen über die Angst und ihre einzelnen Gebiete sind sorgfältig recherchiert. Eine notwendige Therapie im Krankheitsfall ersetzt dieses Kompendium aber nicht. Haftung für Schäden, die sich im praktischen Gebrauch von Anwendungen und Rezepten ergeben, wird dadurch nicht übernommen. Krankheitswerte Beschwerden und Befindlichkeiten gehören immer in ärztliche Verantwortung.

Was macht uns Angst?

Nicht alles, was dem Einen Angst macht, wirkt sich beim Nächsten genauso aus.

Also ist die Angst ein sehr persönliches Phänomen, dass jeder anders bewältigt. Allerdings ergibt sich in unserem digitalen Zeitalter auch eine Art kollektive Angst vor der Zukunft. Allgemeine Angst ist hier nicht im Vordergrund zu sehen.

Was also macht uns Angst?

Ganz vorn in der Reihe findest du die Angst vor dem Verlust des Arbeitsplatzes gefolgt vom Verlassen werden. Beziehungen, die scheinbar intakt und fest etabliert erscheinen, können genauso schnell wieder enden. Niemand ist sicher und das sollte der Grundstein für das Verhalten sein.

Nie zu sicher sein, dass alles so bleibt.

Damit alles so bleiben kann, ist immer viel Arbeit vonnöten. Du kennst bestimmt den Spruch, dass Beziehungsarbeit nötig ist.

Nur was das genau ist, weiß mancher Mensch nicht so genau. Dahinter verbirgt sich Respekt vor dem Partner und Anerkennung seiner Leistung. Wenn 2 Menschen zusammenleben, sich vielleicht ein Eheversprechen gegeben haben, dann ist es immer noch so, dass es 2 Menschen sind, die zusammenleben wollen. Niemand ist Eigentum eines anderen und niemand kann

Vorschriften machen, wie die Dinge zu sehen sind. Vor allem darf in einer Beziehung niemand Angst vor dem anderen haben müssen. Ängste betreffen oft die äußeren Lebensumstände.

Wer unter sozialen Ängsten leidet, hat große Schwierigkeiten seinen Beruf auszuüben geschweige denn eine vernünftige Freizeitbeschäftigung außer Haus zu erleben.

Mobbing in der Schule und am Arbeitsplatz vergällt jede Freude und bringt den Menschen dazu, ganz anders aufzutreten.

Viele Ängste sind inzwischen mit wunderbar komplizierten Namen versehen und bringen uns zum Lächeln. Nur gerade die Menschen nicht, die es betrifft.

Ängste, wie die vor Spinnen oder Angst vor Blumen, werden hier nicht weiter besprochen. Sie gehören in die Kategorie Phobien.

Angst, die mit Depressionen verbunden ist, kannst du hier vielleicht besser verstehen lernen.

Angst–Angststörungen

Mit Angst und allen ihren Auswirkungen leben Millionen von Menschen. Davon gehen die Experten aus. Nicht alle Menschen mit Angst oder einer Angststörung sind in ärztlicher Behandlung.

Leider ist es so, dass die Termine knapp bemessen sind. Fachärzte sind offenbar viel zu wenig vorhanden. Die neueste Idee der Experten ist auch eine Onlineberatung für Menschen, die mit ihren Ängsten nicht fertig werden.

Mit geeigneten Medikamenten ist in der Regel eine gute Therapie möglich.

Rein körperlich gesehen, ist die Angst ein natürliches Phänomen. Sie schützt vor Gefahren. Krankmachend wird es erst dann, wenn die Ängste überhandnehmen und ein normales Leben wird nicht mehr möglich.

Die Folge von Ängsten, die dich an nichts anderes mehr denken lassen, führt zur Isolation. Die völlige Zurückgezogenheit birgt große Gefahren.

Bemerkst du also Anzeichen von Ängsten, die dich belasten, ist immer sofort Hilfe nötig. Fachärztliche Hilfe und die Tipps, die du hier erfahren wirst, helfen zunächst aus der Falle.

Jeder spricht irgendwann einmal über Burn-out und damit sind fast alle Stufen eingeschlossen.

Völlig kaputt oder fix und alle sind Bezeichnungen für die gleiche Form von Abgeschlagenheit, die auch gern als Burn-out bezeichnet wird.

Die Erkrankung ist leider mehr als nur die zuvor bezeichneten Situationen und gehört in fachärztliche Betreuung.

Oft ist es so, dass die Angst generalisiert ist und konkrete Anlässe und Ursachen gar nicht benannt werden können.

Die ständige Bedrohung durch imaginäre Vorgänge, wie Unfälle oder andere schwere Vorkommnisse belastet das eigene Leben und die Partnerschaft.

Zu der Angst kommen in der Regel weitere Beschwerden hinzu. Schlafstörungen sind die häufige Folge, weil der Betroffene einfach keine Ruhe finden kann. Die ständige Grübelei hält wach und die kleinsten Geräusche werden zum Problem. Beklemmung und Schwindelgefühl sind die ständigen Begleiter.

Leistungsfähigkeit im Beruf ist nicht mehr zu erwarten und der Mensch wird zum Patienten.

Betroffen sind übermäßig oft Menschen im sogenannten besten Alter. Hier wird von den Experten eine Mischung von biologischen Vorgängen wie

Hormonstörungen beispielsweise angenommen. Ein geringes Selbstwertgefühl trägt außerdem zur Entstehung der Depressionen und Angststörungen bei. Eine konkrete Erforschung der Ursachen hat noch keine relevanten Ergebnisse erbracht.

Angst und Angststörungen haben folgende Varianten oder Formen:

> Panik
> Angststörung generalisiert
> soziale Ängste
> Phobien

Spezielle Formen der Angst sind aber auch die Angst vor der eigentlichen Angst und die Prüfungsangst.

Angst, dass die Angst kommt

Diese Steigerung ist eine der unangenehmen Seiten der Angst. Schon der Gedanke an die Situation, die kommen kann, erzeugt wieder eine Angst. Sie führt in die soziale Isolation, wenn die Erlebnisse außer Haus erfolgten. Weil Angst körperliche Auswirkungen zeigt, wie Zittern, große Unruhe, Herzrasen und Schwitzen beispielsweise, macht es dem von Angst geplagten Menschen bereits vorher die gleichen Symptome.

Die Angst verursacht im Gehirn die gleichen Vorgänge, wie bei der realen Situation, die zur Angst geführt hat. Diese Ereignisse sind so schwerwiegend, dass eine normale Lebensführung gar nicht mehr möglich ist. Besonders Frauen, die vergewaltigt wurden, können die Situation nur schwer in ihrem Gedächtnis überspielen. Die Angst, die Hilflosigkeit und das Ausgeliefert sein, wenn ein fremder oder maskierter Mann über sie hergefallen ist und keine Möglichkeit der Gegenwehr gegeben war, brennt sich ein.

Desgleichen betrifft es auch Männer, die überfallen und verletzt wurden. Bereits das Aufsuchen des Ortes des Geschehens kann, wenn es auf dem täglichen Weg von und zur Arbeit geschehen ist, erzeugt die Angstsymptome wieder. Angst vor Angst ist auf schwerwiegende Ereignisse zurückzuführen, die sich fest in das Gehirn eingebrannt haben.

 Diese Situationen lassen sich nur mit dem Überspielen der Erinnerung daran lösen. Gute Therapeuten bieten auch Hypnosen an, um dem Urereignis auf die Spur zu kommen. Die Rückführung an den Ort des Geschehens kann die Umkehrung der Situation ermöglichen. Was hätte man anders gemacht oder wie hätte man die Situation vermeiden können.

Tipps
- ➤ sprich über deine Angst mit einer vertrauenswürdigen Person
- ➤ nimm deinen Mut zusammen und stelle dich deiner Angstsituation
- ➤ mach dir selber klar, dass du die Situation beherrschst
- ➤ lerne Entspannungsübungen

Panik

Panikattacken sind weit verbreitet und betreffen allein in Deutschland weit mehr als 2 Millionen Menschen. Wobei man hier auch differenzieren muss. Oft wird der Begriff für Zustände verwendet, die von echter Panik noch weit entfernt sind. Die Dunkelziffer dürfte allerdings mindestens doppelt so hoch sein, weil nicht jeder Mensch, der unter solchen Panikattacken leidet, sich auch in ärztlicher Behandlung befindet.

Das Syndrom der Erkrankung ist mit völlig unvorhersehbaren Attacken behaftet. Die Situationen sind meist nicht einschätzbar und überraschen den Patienten in allen möglichen Lebenslagen. Besonders unangenehme Attacken ereignen sich in den öffentlichen Bereichen. Wenn lang ausgedehnte Räume, wie große Einkaufszentren meist gestaltet sind, aufgesucht werden müssen, kann bereits auf der Hälfte des Weges in ein Geschäft hinein die Panik ausbrechen.

Plötzliche Atemnot und Kopfschmerzen überfallen förmlich den Menschen. Man schlägt die Hände vor das Gesicht, um nicht zu sehen, was dort ist. Auf einmal ist alles im Raum zu eng und die anderen Menschen zu dicht und es ist plötzlich nicht genug Platz für alle da.

Panik

Zu der eigentlichen Attacke kommen die Scham und die Bedrängnis für den Patienten dazu. Es ist ja an einem öffentlichen Ort geschehen und viele andere Menschen wurde Zeuge des Geschehens. Auch wenn es meist Fremde sind, die dort ebenfalls einkaufen wollen.

Es kann ja doch ein bekanntes Gesicht dabei gewesen sein. Schnell wird man als verrückt oder Psycho bezeichnet. Das will niemand so erleben und deshalb kann es dazu führen, dass eine Vermeidungshaltung ausgeprägt wird und der soziale Rückzug beginnt. Ein ganz normales Leben wird unmöglich und die Hilfe von Fachleuten wird erforderlich. Allein ist die Panik selten in den Griff zu bekommen.

Generalisierte Ängste

Mit einem weitaus höheren Anteil an der Störung ist die generalisierte Angst die aufwendiger zu behandelnde Erkrankung. Anders als bei Panik und Phobien sind die Ängste hier noch diffuser und nicht klar umrissen.

Die sogenannten alten Wunden der Seele, die nicht verheilen und Konflikte, die noch unbewusst und unverarbeitet da sind, tragen zur Entstehung dieser Form von Depressionen bei.

Bei den Angststörungen werden in der Regel besondere Ereignisse zum Auslöser. Ursachen liegen tiefer und sind meist eine Thematik, die nicht berührt wurde und deshalb tief vergraben weiter schwelen kann. Missbrauch im Kindesalter ist eine häufige Ursache.
Nicht aufgedeckt und aufgearbeitet vergehen oft Jahrzehnte, bis es den Personen möglich ist, darüber zu sprechen.

Bevor du nun in eine medikamentöse und oder therapeutische Behandlung gehen musst, kannst du selber noch viel dazu beitragen, die Beschwerden nicht so massiv werden zu lassen.

Prüfungsangst

Diese Form von Angst kennen wir alle. Sei es noch aus der Schule, aus der Lehrzeit oder dem Studium. Außerhalb dieses Bereiches ist noch die Führerscheinprüfung eine Angstsituation. Angst zu haben ist es etwas völlig Normales, wenn es an die Prüfungen geht. Eine weitere Steigerung in die Angst hinein, hemmt allerdings das Leistungsvermögen. Die Konzentration ist stark beeinträchtigt.

Kommen nun noch körperliche Symptome dazu, hast du ein großes Problem. Magenschmerzen, Zittern und Schweißausbrüche beeinträchtigen zu sehr, dass eine ordentliche Prüfung überhaupt stattfinden kann.

Die Hilfe von Profis ist nötig, um das zu überwinden.

Als Prüfungsangst der besonderen Art ist Lampenfieber allgemein bekannt. Dies ist vor Auftritten normal und tritt mehr oder weniger stark in Erscheinung. Meistens ist es gleich vorbei, wenn der Auftritt beginnt. Angst vor dem Auftritt ist schwerer und kann die dargebrachte Leistung verschlechtern.

Schauspieler, Sänger und andere performende Künstler haben fast alle mit den Symptomen zu kämpfen.

Die Frage ist nun, wo kommt sie denn her diese Angst vor den Prüfungen?

Manchmal sind es schlechte Erfahrungen, die man durchleben musste.

Die Schilderungen von anderen Prüflingen können einen wesentlichen Teil dazu beitragen, dass du selber in die Angstschleife gerätst.

Ist aber dein Selbstbewusstsein so gering, dass du vor deiner eigenen Leistung Angst hast, dann lese die Abschnitte zu dem Thema ausführlich durch. Dort sind Ratschläge und Tipps speziell aufgeführt.

Die wichtigsten Symptome der Prüfungsangst sind:
- ➤ Schweißausbrüche
- ➤ Zittern
- ➤ trockener Mund und ein Kloß im Hals
- ➤ Bauchschmerzen und Durchfall
- ➤ Übelkeit
- ➤ Kälteempfinden
- ➤ Hitzewallung

Lange vor der eigentlichen Prüfung beginnen diese Symptome:
- ➤ Schlafstörungen
- ➤ Verstimmungen
- ➤ Bauchgefühl wird negativ

WAS HILFT BEI PRÜFUNGSANGST?

Leidest du unter Prüfungsangst und hast keinen Plan was du tun kannst?

Einige hilfreiche Vorschläge bekommst du hier aufgezeigt. Sie reichen von mentalen Übungen bis zu Medikamenten. Schließlich ist jede Prüfung ein wichtiger Meilenstein im Leben und muss möglichst gut bestanden werden.

Bei starken Beschwerden, die auch körperlich spürbar sind und somit eine Gefahr für deinen Gesundheitszustand werden können, suche bitte fachärztlichen Rat oder den von einem Therapeuten.

HOMÖOPATHIE MITTEL BEI PRÜFUNGSANGST

Sanfte Mittel aus der Homöopathie können bei solchen vorübergehenden Zuständen von Angst gut eingesetzt werden. Pflanzlich und schonend für Körper und Geist sind folgende Mittel hilfreich.

Globuli werden 3 x täglich jeweils 5 St. eingenommen
Gelsemium D 12
Phosphorus D 12
Argentum Nitricum D 12
Aconitum napellus D 12
Ignatia D 12

Bachblüten entfalten ebenfalls eine beruhigende Wirkung. Für den Stress in der Prüfung hilft die Version »Notfalltropfen«.

Medikamentöse Behandlung ist immer mit dem Arzt abzuklären. Es kann zu Komplikationen kommen, wenn du Mittel einnimmst, die beispielsweise den Blutdruck beeinflussen.

PRÜFUNG–BLACKOUT WEGEN ANGST?

Viele Prüflinge haben mit dem Problem zu kämpfen und das bezieht sich nicht nur auf Schüler und Studenten. Jeder Lehrling oder Azubi und

Fahrschüler kennt das Problem auch. Schlimm, weil es um lebensentscheidende Situationen geht und im Hintergrund geht es ebenfalls darum, dass Geld mit im Spiel ist.

Das künftige Einkommen fällt weg oder der Weg zur Arbeit erfolgt weiter mit dem Bus und die Fahrschule kostet und kostet immer wieder viel Geld.

Eltern sind betroffen, wenn das Kind weiter mit unterhalten werden muss und noch kein eigenes Geld verdient. Probleme über Probleme sind mit dem Thema verknüpft.

Muss aber nicht sein!

Du bekommst hier Unterstützung zum Thema, wie du dein Leben besser allein in den Griff bekommst, weil du gegen diese Form der Angst sehr viel selber tun kannst.

Denk einmal nach, wie sich die Angst in dir aufbaut und was vorangegangen ist.

Wie war denn deine Vorbereitung auf die Prüfung? Hast du gelernt? Kannst du also davon ausgehen, dass das Wissen in deinem Kopf gespeichert ist? Du musst also »nur« ruhiger werden, um dich auf die Prüfung einzulassen. Dazu wirst du einige Übungen kennenlernen.

Eine weitere Überlegung ist es ebenfalls wert, in diesem Zusammenhang erwähnt zu werden.

Das ist die Erwartungshaltung, die du selber dafür aufbaust. Bist du ein Perfektionist und alles muss immer perfekt werden? Das kannst du sicher erst einmal beiseitelegen, wenn Angst dich begleitet. In diesem Fall ist dein Gehirn mit der Angst beschäftigt und die Energie ist blockiert für deine Prüfung.

Die Gedanken müssen wieder »umgelenkt« werden und die Konzentration muss auf die bevorstehende Prüfung gerichtet werden. Auch das wirst du mit einigen Übungen erlernen.

Ganz wichtig ist für dich, keinen Druck durch andere auf dich zuzulassen.

Du allein bist verantwortlich für deine Prüfung. Es entstehen sonst zusätzliche Ängste zu versagen und du schämst dich dafür. Die Last der Gedanken wird hierbei unerträglich für dich und du erleidest den gefürchteten Blackout.

WAS GESCHIEHT BEI ANGST UND PRÜFUNGSANGST MIT DIR?

Körperliche Symptome sind bei Ängsten in der Regel gleich gelagert. Jeder kennt das und du bist davon nicht ausgenommen.

Herzrasen, Schwindelattacken und das Gefühl verursacht Übelkeit. Der Puls ist am Hals deutlich zu sehen, wenn die Pulsadern so hervortreten. Schweißausbrüche und die feuchten Hände regen dich noch mehr auf.

Fachleute beschreiben diesen Zustand gern wie eine Angst vor der Bewertung.

Dabei ist ein wenig Aufregung direkt davor ja sogar gut. Das Adrenalin schießt durch deinen Körper und macht dich wach und aufmerksam. Deutlich anzumerken ist es dir, weil sich deine Pupillen weiten und der Puls sich wesentlich schneller zeigt.

Gut ist, weil sich die damit verbundene Atmung auf eine bessere Versorgung mit Sauerstoff in deinem Gehirn auswirkt. Die Auswirkung davon ist eine verbesserte Leistungsfähigkeit.

Bleibt deine Angst so gesteigert, dass ein Blackout unvermeidbar ist, dann haben die Hormone damit zu tun. Die eingangs erwähnten zentralen Stellen im Gehirn, das limbische System und Amygdala, werden die bedrohlichen Zustände, die in dir entstanden sind, auswerten.

Die Schaltstelle für die Informationsverteilung, der Hippocampus, ist ein Platz im Gehirn, wo ständig neue Neuronen entstehen. Neuroneogenese genannt, ist dieser Vorgang, der bei Störungen für das Entstehen von Depressionen verantwortlich sein soll. Durch die Hormonschwemme in der Angstphase ist kein Zugriff auf die Inhalte von Kurz- und Langzeitgedächtnis möglich.

Erst, wenn sich der Ansturm wieder normalisiert und der Panikmodus wieder heruntergefahren wird, geht alles wieder.

Blackout ist aber eine Funktionsstörung nur vorübergehender Natur. Die Leere im Kopf ist sprichwörtlich, weil keine Übertragung der Informationen im Gehirn stattfinden kann.

Nachdem du nun weißt, was genau in deinem Körper abläuft, denke bitte noch einmal nach. Was wird denn sein, wenn du heute nicht die volle Punktzahl erreichst?

Versuche dich darauf zu fokussieren, was Wesentlich ist. Bestanden ist bestanden-Fakt. In den seltensten Fällen wird jemand danach fragen, wie gut das Ergebnis war.

Ist die Prüfung ganz schlecht gelaufen wegen Blackout beispielsweise, ist in der Regel eine Nachprüfung notwendig und möglich.

Bei 3 x nicht bestanden stellt sich die Frage, ob es nicht besser für dich wäre, einen Level geringer anzusetzen. Folge immer deinem inneren Wesen, deinem Bauchgefühl, denn das ist mit Sicherheit richtig.

Ultimative Hilfestellung–Tipps gegen Angst vor Prüfungen

Tipp 1

Der wird dir sicher gut gefallen. Dazu brauchst du aber unbedingt eine Partnerin oder einen Partner. Weil hier die Rede von Sex ist. Du hast richtig gelesen, es geht um die schönste Sache der Welt. Beim Sex erfolgt die Ausschüttung des Hormons mit der multifunktionalen Wirkung, dem Oxytocin.

Es hat die beruhigende Wirkung, die Männer nach dem Sex sogar gleich einschlafen lässt, so tief kann die Wirkung sein. Das kannst du dir zunutze machen, um vom Stress herunterzukommen.

Tipp 2

Das Lernen vor einer Prüfung beginnt nicht, wenn es schon 5 vor 12 ist. Die Zeit reicht einfach nicht für das Pensum. Daher bereite dich ausführlich und rechtzeitig vor.

Tipp 3

Es lernt sich oft leichter, wenn man aufschreibt, was man gelernt hat. Das visuelle Ergebnis zum Gelernten dazuzusetzen ist hilfreich. Außerdem ist das Wissen dann jederzeit wieder abrufbar und nachzulesen.

Tipp 4

Das Gehirn nicht übermäßig strapazieren und immer wieder kurze Pausen einlegen. Nach deinem persönlichen Empfinden können das 1 Stunde oder 1 ½ Stunden sein, nach denen du Erholung brauchst.

Tipp 5

Nutze deine persönlichen Leistungszeiten für die Vorbereitung. Manche Menschen arbeiten besonders nachts und das sogar sehr effektiv und andere sind ausgesprochene Morgenmenschen, die früh aufstehen und richtig schaffen können.

Entspannung der Muskulatur

Tipp 1

Entspannungsübungen, die den Körper förmlich erschlaffen lassen können. Dazu gehört die Progressive Muskel Entspannung nach »Jacobsen« als Beispiel. Bei dieser Technik lernst du deine einzelnen Muskelgruppen anzuspannen wieder zu lockern. Der Effekt ist sehr wohltuend, wenn man bereit ist, es zuzulassen. Körper und Seele profitieren vom gelösten Zustand in der Entspannung.

Tipp 2

Dieser Tipp führt dich gedanklich an einen wunderbar ruhigen Ort wo deine Anspannung von dir abfallen kann, wie ein altes Kleidungsstück, welches dich eingeengt hat.

Spaziergang im Wald in deinen Gedanken

Damit du gleich davon einen Eindruck bekommst, nehme ich dich gern mit an einen solchen Ort. Es ist hierfür eine weitere Person erforderlich, die dir vorliest. Dazu musst du bequem sitzen oder liegen, die Augen schließen und nur auf die Worte hören.

Ist deine Haltung bequem und nichts stört? Sonst versuche es, bis du so eine Position findest. Die Augen geschlossen und die Arme liegen ganz locker neben dir oder hängen neben dir herab.

Stell dir nun vor, du gehst auf eine kleine Reise nur in deinen Gedanken. Dein Körper ist unbeteiligt daran. Zuerst packe in einen Behälter zu Hause alles, was dich belastet. Siehst du das alles? Lege es in den Behälter und mache ihn zu. Stelle ihn an einen Ort, wo er niemanden stört. Jetzt hast du kein Gepäck bei dir und du bist nun allein und frei.

Wir gehen deine Straße hinunter so weit, bis wir einen kleinen Wald entdecken. Die Bäume sind grün und die Sonne scheint. Kein Lärm aus dem Ort stört. Wir hören nur die Vögel und die Insekten summen. Merkst du, dass alle Geräusche einen Wohlklang haben? Die Frequenzen und die Lautstärke sind nicht unangenehm. Alle natürlichen Geräusche stimmen uns heiter. Wir gehen weiter auf einem Waldweg entlang. Es wird kühler und schattiger. Manchmal sind die Sonnenstrahlen so hell zwischen Bäumen und dann sind sie wieder fort. Schau, da steht ein Reh im Dickicht und nun müssen wir ganz leise daran vorbeigehen. Du fühlst dich gut du leicht und du wirst immer leichter. Das Gehen fällt dir nicht schwer und die Atmung wird ruhiger.

Langsam gehen wir weiter. Vor uns tut sich eine kleine Lichtung auf. Hell im Sonnenschein und das grüne Gras ist weich. Wir gehen ohne Schuhe weiter. Du fühlst dich gut und möchtest dich in das Gras legen. Ganz ruhig atmest du und siehst dich um. Alles ist grün und doch ist die Farbe in 7 Schattierungen zu sehen. Auf deinem Arm krabbelt eine Ameise hoch. Sie ist auf der Suche nach Futter, aber bei dir findet sie nichts und schon ist sie wieder weg. Deine ruhige Haltung entspannt dich und du fühlst eine Leichtigkeit in dir. Der Wind weht leise durch das Gras. Kannst du das hören? Die Gräser mit ihren schweren Samen an den Blüten neigen sich immer tiefer und du tust das auch. Tief entspannt liegst du im Gras und nichts stört dich und deine Ruhe. Deine Gedanken sind ganz bei dir und du spürst nichts. Keinen Schmerz und keine Unruhe. Alles ist weich und gut.

Bleib eine Weile so liegen und entspanne alle Muskeln.

Erst wenn es für dich nicht mehr angenehm ist, dann öffne die Augen und kehre zurück in die Realität.

Schüttle Arme und Beine ein wenig aus.

Willkommen zurück.

Wege zum angstfreien Leben

Es gibt Wege zum angstfreien Leben, darüber musst du dir immer im Klaren sein. Du weißt, dass angst eine Reaktion des Körpers ist, die normal ist. Lass dir dein Leben und deine Lebensfreude nicht von Ängsten bestimmen und tu etwas dagegen. Tu es, bevor die Angst dich so umschließt und nur ein Facharzt dir helfen kann. Beginne bereits bei den ersten Anzeichen von Ängsten. Bei Beachtung der Ratschläge und Tipps in diesem Buch und bei der nunmehr besseren Kenntnis von Vorgängen in deinem Körper was beispielsweise die Hormone anbelangt, wird dir gelingen, dass du Angst in Wissen wandelst.

Weißt du denn, wo die Angst herkommt? Sie kommt aus deinem Kopf!

Alte Erlebnisse können neue Ängste schüren. Alte Erlebnisse sind eben alt. Neue kommen dazu und überlagern in deinem Gedächtnis die alten Spuren. Du lernst eine neue Bewertung von Situationen und Gefährlichkeit ist eben auch eine Frage des Gesichtspunktes. Für die Vorgänge im Gehirn ist es unerheblich, ob es eine reale Situation ist oder ob es in der Vorstellungskraft als Angst existiert.

Damit du wieder Vertrauen in dich selber gewinnen kannst, gibt es nun ein wenig Hilfestellung.

1.Wichtiger Baustein für angstfreies Leben ist eine finanzielle Sicherheit. Wie hoch sie ist, bleibt für jeden Menschen ein besonderer Level. Sparsam lebende Menschen sind oft glücklicher als, die, die ständig Angst um ihren Besitz haben. Egal wie hoch dein Budget für einen Monat ist, es gibt immer ein kleines Sparpotential.

- nutze die Angebote, die jede Woche neu erscheinen
- kaufe nur nach Bedarf ein mit dem Einkaufszettel
- lass dich nicht von großen Packungen in die Irre führen, die eine Einsparung suggerieren
- lies immer die Angabe zu den Kosten pro kg oder Liter usw. und entscheide danach
- achte auf die Mitteilung von der Stiftung Warentest zu den Waren, die täglich benötigt werden und wähle danach deine Produkte aus
- spare dadurch, dass du unnütze Sachen erst gar nicht kaufst
- mach immer das Licht aus, wenn du einen Raum nicht benutzt
- lass die Waschmaschine nicht halbvoll arbeiten
- prüfe deine Versicherungen, ob nicht doch bessere Konditionen möglich sind
- teile dein Geld nach Wochen ein, damit für jede Woche die passende Summe bereitsteht

Das sind nur Kleinigkeiten, die aber kontinuierlich angewendet, eine kleine Sicherheit aufbauen. Dazu legst du jede Woche die ersparte Summe von deinem Budget gleich beiseite. Vielleicht verfügst du ja über ein Talent, mit dem ein 2. Standbein zu schaffen ist.

Fotografieren, Musik machen, mit Nachbars Hund Gassi gehen und solche Dinge können dir ein kleines Nebenerwerbsguthaben schaffen. Lese die Inserate auf den Ebay Kleinanzeigen in deiner Stadt oder deiner Region. Du wirst dich wundern, was für interessante kleine Jobs dort angeboten werden.

2.	Wenn du wenig Geld zur Verfügung hast, reicht es eben in der Regel für die Gegenwart. Bis auf die o. g. kleinen Einsparungen. Es reicht für große Zukunftsplanungen nicht aus. Das betrifft nicht nur die finanziellen Entscheidungen. Alles in die Zukunft gerichtete und Geplante baut den Berg vor dir weiter auf. Nimm ein Vorhaben in die engere Wahl und beginne damit auch wirklich. Wenn du das erreicht hast, dann nimm dir den 2. Plan vor. Versuchst du gleichzeitig mehrere Dinge zu erledigen, vergeudest du deine Kraft, anstatt die ganze Kraft auf eine Sache zu verwenden.

3.	Deine Gesundheit ist dein kostbarstes Gut und muss auch so behandelt werden. Pflegen und gut erhalten sollst du deinen Körper, damit du vor Krankheiten besser geschützt bist. Dazu gehört eine vollwertige Ernährung genauso wie viel Bewegung. Niemand hat eine 100 %-ige Sicherheit, vor Krankheiten geschützt zu sein. Trage deinen Teil dazu bei, dass es dir gesundheitlich gut geht. Besonders, wenn du der Verdiener für den Lebensunterhalt deiner Familie bist. Überleg gut, ob eine Berufsunfähigkeitsversicherung und Unfallversicherung zur Absicherung angeraten ist.

Wenn du trotz aller Vorsicht mit schweren Krankheiten zu tun bekommst, schöpfe alle Mittel aus, die dir zustehen. Habe keine Scheu bei den Ämtern die nötigen Anträge zu stellen. Wenn dir das allein nicht gelingt, dann nimm Hilfe von anderen Personen dafür an.

Angst vor der Zukunft kann man heute durchaus bekommen, wenn man verfolgt, was auf der Welt so geschieht.

Das ist aber eine Frage, die die Weltbevölkerung gesamt betrifft. Wenn du dein Leben so einrichtest, dass du jeden Tag mit einer grundlegenden Sicherheit beginnst, werden spezielle Ängste wegen der Zukunft kleiner.

Depressionen–Die grau in grau Phase mit der Angst

Die Ursachen und Auslöser von Depressionen näher zu benennen, ist noch immer nicht ganz genau und vollständig möglich.

Am häufigsten wird jedoch Stress, und zwar der schlechte Stress-Distress, als Ursache benannt. Es gibt aber auch Betroffene, die eine Anfälligkeit für Depressionen zu haben scheinen.

Wenn dann zusätzlich Erlebnisse wie eine schwere Kränkung, Tod oder Verlust eines geliebten Menschen o. ä. das Leben beschweren, kommt es eher zu einer Depression.

Des Weiteren hat der Konsum von Suchtmitteln die Gefahren weiter erhöht.

Leider haben auch Erkrankungen wie Krebs, Epilepsie und Stoffwechselkrankheiten Einfluss auf die Entstehung.

Fest steht, dass die Tränen der Seele unendlich schwer wiegen können. Die tiefe Traurigkeit, die den betroffenen Menschen überfällt, ist mit nichts anderem zu vergleichen. Bitternis und Traurigkeit bestimmen die Gefühlswelt und die Erkrankung, oft nicht erkannt und behandelt, hat sehr viele Erscheinungsformen. Eine Verletzung, die äußerlich erkennbar ist, kann man gut behandeln. Verletzungen der Seele zu erkennen, die Schwere der Verletzung zu beurteilen, ist dagegen ungleich schwerer.

Arten von Depressionen

Die WHO (Welt Gesundheits Organisation) hat einen einheitlichen Diagnoseschlüssel für die Krankheit festgelegt. Unter den Schlüsselnummern F00 bis F99 sind die psychischen Krankheiten und auch die Verhaltensstörungen zusammengefasst. Für Depressionen gilt der Schlüssel F32. Deutlich wird die Schwierigkeit der Thematik hier aufgezeigt. Weil jeder Mensch einzigartig und seine DNS, die Abdrücke der Fingerkuppen und die Seele ebenso einzigartig sind, wird die Therapie auch nicht allgemein sein. Die Festlegung einer Therapie, die Medikation und der Ablauf der Behandlung werden der Ursache angepasst erfolgen.

Major Depression als endogene Depression ist diese Art früher bekannt geworden

bipolare Störungen waren unter manisch - depressiv geläufig

Dysthymie ist die neurotische Depression, die krankhaft zu Traurigkeit neigt und lange andauert

Burn-out
Erschöpfungsdepression eine moderne Form der Erkrankung

Reaktive Depression
Anpassungsstörung auf heftige Lebensumstände

Symptomatische Depression
Folge von schweren Krankheiten

Zyklothyme Depression
stark schwankende Stimmung über lange Zeiträume

Prämenstruelles Syndrom
steht im Zusammenhang mit dem Menstruationszyklus der Frau

Wochenbett Depression
kann nach der Geburt eines Kindes entstehen.

Winterdepression
betrifft die dunkle und kalte Jahreszeit

Klimakterische Depression
betrifft die Wechseljahre der Frau

Symptome einer Depression

Die Symptome sind Anfangs nicht gleich einer Depression zuordnen. Müde und abgeschlagen sind wir alle zuweilen, ohne an eine psychische Erkrankung zu denken. Mangelnder Appetit und Schlafstörungen sind eher dem alltäglichen Stress zuzuordnen. Zu bemerken ist dabei, wenn die Symptome länger als 2 Wochen anhalten, dann muss eine Erkrankung in Erwägung gezogen werden.

Ganz typische Anzeichen einer Depression sind aber:
- fehlender Antrieb und es fällt unendlich schwer, selbst morgens aufzustehen
- gedrückte Stimmung und nichts kann so richtig aufmuntern
- Freude an gewohnten Aktivitäten kommt nicht auf
- Angst und Schuldgefühle quälen immerzu
- Konzentration fällt schwer und die Folge sind Fehler bei der Arbeit
- Entscheidungen zu treffen ist fast nicht mehr möglich und es dauert lange, bis sie gefällt werden können
- Gefühlsleben findet nicht statt bis zum Verlust der Libido und Erektionsstörungen behindern das Sexualleben
- Grübeleien bestimmen den Tagesablauf

Als Steigerung ist bei manifestierten Depressionen noch das Gefühl nichts zu Fühlen dazu gekommen. Die Teilnahmslosigkeit prägt sich weiter aus.

Zu diesen Symptomen gesellen sich auch noch weitere körperliche Anzeichen, die zunächst als vorrangig angesehen werden, bevor überhaupt die Erkenntnis, dass eine Depression vorliegt, vom Patienten zugelassen werden.

Diese körperlichen Symptome sind fast immer:
- ➢ Herzrasen
- ➢ Störungen im Herzrhythmus
- ➢ Schlaflosigkeit und Schlafstörungen
- ➢ Kopfschmerzen
- ➢ Engegefühl im Hals mit Atemnot
- ➢ Schwindelattacken
- ➢ Aussetzen der Menstruation

Selbst Störungen der Mimik sind eine mögliche Folge. Die Gesichtszüge frieren förmlich ein und die Teilnahmslosigkeit drückt sich bereits im Gesicht deutlich aus.

Der Pessimismus in und bei allen Dingen rückt in den Vordergrund und wird begleitet von Reizbarkeit, weil der eigene Zustand nicht mehr richtig eingeordnet werden kann.

Zukunftsängste bis hin zum Suizidgedanken plagen den betroffenen Patienten auf einmal. Das Verhältnis zum eigenen Umfeld ist massiv gestört. Die Steigerung aller Symptome mit psychotischen

Anwandlungen führt weiterhin die Betroffenen in einen Kreis von Verzweiflung und Angst. Es können sogar Wahnvorstellungen auftreten, wie verfolgt werden oder Stimmen sind hörbar, die dem Kranken Anweisungen erteilen.

Körperliche Ursachen

Botenstoffe im Gehirn wie Serotonin und Noradrenalin, die für den Austausch in den Nervenzellen zuständig sind, erscheinen vermindert bei den untersuchten Proben.
Zu wenig Noradrenalin und Serotonin im Körper sind durch Blutuntersuchungen nachweisbar bei einer Depression.

Ein veränderter Hormonhaushalt z. B. in den Wechseljahren, nach Geburt eines Kindes oder bei Schilddrüsenkrankheiten, kann ebenfalls bei der Entstehung von depressiven Symptomen eine Rolle spielen.

Vererbte Depression

Bei der Ursachenforschung in der Genetik wurde ein Gen entdeckt, das Veränderungen aufwies. Eine Verkürzung in dem Gen, welches für den Transport von Serotonin verantwortlich ist, wird untersucht, welche Rolle das bei psychisch Erkrankten spielt.

Diese Patienten sind genetisch bedingt mit depressiven Störungen in fachärztlicher Behandlung.

Probleme in der Kindheit

Probleme in der Kindheit sind oft auch ein Auslöser für Depressionen und begleitende Angststörungen. Kinder, die erniedrigt, geschlagen, isoliert und nicht einmal von den eigenen Eltern geliebt werden, gelingt kein gesundes Verhältnis zur Umgebung aufzubauen. Sie hatte keine Chance ihr Selbstwertgefühl zu entwickeln, das sie im normalen Leben die schwierigen Situationen bestehen lässt. Diese Kinder brauchen unbedingt eine Therapie, um die Störungen und die Angst wieder loszuwerden.

Traumatische Erlebnisse

Ursachen dieser Art sind meist schwerwiegend und beeinflussen nachhaltig das gesamte Leben eines Menschen. Ein Unfall mit körperlichen schweren Folgen, Missbrauch, Tod eines nahestehenden Menschen, Scheidung oder aber schwere finanzielle Probleme, die nicht sofort gelöst werden können, eignen sich als Auslöser bei Depressionen.

Die moderne Ursache ist immer wieder in der eigenen Berufsumgebung verankert. Die Angst vor dem Verlust der Arbeit, der Jobverlust selber und auch schwer zu ertragenes Mobbing am Arbeitsplatz bringen Betroffene in starke Bedrängnis.

Anhaltender Distress

Anhaltender Distress (schlechter Stress) begünstigt im Gehirn die Hemmung der Serotoninproduktion. Der Körper schützt sich damit selber vor einer möglichen Gefahr. Leider versuchen die an Depression Leidenden vielfach mit Suchtmitteln aus der Situation zu entkommen.

Alkohol, Drogen, aber auch viele Medikamente sollen die entstandene Drucksituation lockern und alles wieder auf Anfang führen. Dass so etwas nicht funktioniert, wissen wir alle zur Genüge, aber die Illusion und die Hilflosigkeit der Betroffenen überwiegt oft und scheint die einzige erkennbare Lösung zu sein.

Es entsteht der Teufelskreis, der auch noch weiter hinab führt. Unter Stresssituationen leidende Menschen haben einen erhöhten Spiegel des Stresshormons Kortisol im Blut und im Urin nachweisbar. Depressive Symptome sollten in der Psychotherapie eine Behandlung erfahren, um den Betroffenen zu vermitteln, dass gegen die Angst vor der kommenden Angst und gegen die erlebte Hilflosigkeit, Medikamente und alternative Heilmethoden helfen.

Depressionen bei Senioren

Dabei handelt es sich um eine besondere Form der Depression, die oft nicht erkannt wird.

Angehörige sind viel zu sehr mit eigenen Problemen beschäftigt als das sie solche Veränderungen als krankhaft erkennen. Dass die Älteren im Laufe der Zeit tüdelig werden, ist normal und beeindruckt keinen anderen Menschen mehr.

Alte Menschen werden einfach nicht mehr so wahrgenommen, wie vorher. Das ist besonders für die betroffenen Senioren sehr schwer.

Körperliche Gebrechen aller Art stehen im Vordergrund. Dass genau die zu Depressionen führen können, weil ständige Schmerzen und weitere Beschwerden den Menschen so zermürben, dass er nicht mehr leben möchte, muss ein Arzt diagnostizieren können.

Anzeichen

Die häufigsten Anzeichen sind Kopfschmerzen, Rückenschmerzen und die Fähigkeit zur Konzentration lässt spürbar nach. Diverse Probleme mit dem Magen-Darmbereich kommt noch dazu. Insbesondere ist da auch die Abnahme des Appetites. Auch der Durst und die Trinkmenge nehmen rapide ab. Mögliche Ursachen für die eintretenden Depressionen sind vielfältig angelegt.

Eigene Angst vor dem Altwerden, weil in der Familie keine guten Erinnerungen an diese Zeit vorhanden sind. Automatisch denkt ein älter werdender Mensch daran, wie seine eigenen Eltern waren und woran sie gelitten haben. Alle Umstände, die das Altwerden mit sich bringen, erzeuge großes Unwohlsein. Der Gedanke daran, wieder Windeln zu tragen, nicht allein aus dem Bett aufstehen können und das Angewiesen sein auf andere Personen, erzeugt Angst.

Die Isolierung, wenn kaum Familie und Freunde vorhanden sind, macht einsam und die Betroffenen beginnen damit, sich gehen zu lassen. Das betrifft vor allem die Körperpflege und die Wohnumgebung.

Das Gefühl beim Arzt nur die einfachste Behandlung zu erhalten, weil es sich ja nicht mehr lohnt. Ganz schlimm wird die Angst auf einen Pflegedienst oder ein Pflegeheim angewiesen zu sein.

Schon der Verlust der Kontakte aus der Arbeitswelt bei Berentung ist ein einschneidendes Erlebnis, das nicht jeder gut verkraftet. Nicht mehr gebraucht zu werden oder der Tod des Partners, reißen ein tiefes Loch in der Gefühlswelt auf.

Wer mit diesen schwerwiegenden Einschnitten nicht richtig umzugehen weiß, kann an Depression erkranken.

Behandlung

Nicht nur medikamentöse Behandlung hilft. Die Kontakte zur Außenwelt erhalten und neu zu finden, ist schon ein erster Schritt.

Die Angebote für Senioren zu prüfen und eine sinnvolle Beschäftigung zu finden, ist unbedingt der nächste Schritt.

Ernährung und sportliche Betätigung für Senioren sind wichtig. Der Nahrungsbedarf ist anders geworden und muss angepasst werden. Obwohl die Definition für Sport mit Körperertüchtigung sehr altmodisch klingt, für betroffene Senioren ist genau das gemeint.

Depressionen bei Kindern

Leider und gar nicht so selten wie man denkt, sind auch Kinder und Jugendliche von Depressionen betroffen.

Der Leidensdruck ist auf der Seite der Kinder groß und wird doch nicht als solcher wahrgenommen. Eltern sehen eher Nachlässigkeiten und ein anderes Verhalten ihrer Kinder, als an so eine Krankheit zu denken.

Es gibt einige Studien, die besagen, dass bis zu 10 % der Teenager zwischen 12 und 17 Jahren an einer Depression leiden. Kleinere Kinder sind noch bis zu 2 % betroffen.

Der Leistungsdruck in der Schule und zu Hause ist als Auslöser festzustellen. Andererseits treffen auch hier einige körperliche Ursachen zu.

Wie zeigen Kinder an, dass Depression entstanden sind?

Die Symptome dafür sind genau wie bei den Erwachsenen zu sehen. Die Stimmungsschwankungen und die tiefe Traurigkeit bilden die Kinder ebenso aus.

Ängstlich und hilflos erscheinen sie oft und weinen schnell auch bei ganz nichtigen Anlässen. Es ist für Kinder jedenfalls völlig untypisch, über einen längeren Zeitraum solche Symptome aufzuzeigen und doch werden sie vorschnell als bockig oder ungezogen abgestempelt.

Schwierigkeiten in und mit der Schule potenzieren sich schnell und führen zu weiteren negativen Ereignissen, die weiter auf den Verlauf der Erkrankung wirken. Insbesondere aggressives Verhalten gegen sich selbst und gegen andere ist auffällig bei diesen Kindern.

Nicht Einschlafen können und extreme Angst vor Dunkelheit und Schatten an den Wänden können sich stark gesteigert zeigen.

Essstörungen sind oft auch Folgeerscheinung gerade bei Mädchen. Die digitale Welt hat so viele Möglichkeiten geschaffen, Mobbing auszuüben.

Das Lächerlich machen in der Öffentlichkeit führt zu solchen Störungen im Essverhalten.

Null-Bock-Generation ist so eine Bezeichnung, die nicht immer zutrifft. Die Erkenntnis, dass man nicht so ist, wie die anderen Kinder, führt zu Unlust und den Minderwertigkeitsgefühlen.

Auch das andere Extrem im Verhalten kann eine Depression anzeigen.

Kinder neigen auch dazu, völlig in die Rolle eines Klassenclowns zu verfallen.

Der Rückzug in das eigene Zimmer und aus dem Freundeskreis heraus, erscheint ihnen als eine Möglichkeit, das alles auszuhalten.

Einigen gelingt keine Überwindung der Schwierigkeiten und ohne fachärztliche Hilfe wählen sie den Freitod.

Depression in der Schwangerschaft

Risiken an einer Schwangerschaftsdepression zu erkranken, liegen bei schon vorliegenden Störungen recht hoch. Das betrifft insbesondere das PMS-Prämenstruelles Syndrom oder eine bei einer früheren Schwangerschaft aufgetretene Depression.

Eventuell gab es in der Familie schon Fälle von depressiven Erkrankungen während einer Schwangerschaft. Eine vorliegende Erkrankung kann ebenfalls ein Anstoß für das Entstehen von Depressionen sein.

Gibt es noch mehr Umstände, die zur Erkrankung führen?

Frauen reagieren emotional und emphatisch viel sensibler. Darum führen auch soziale Konflikte zum Ausbruch der Krankheit. Schwangere, die unter schweren sozialen Umständen leiden, sind höher gefährdet.

Die Verantwortung ein Kind zu bekommen, ist für viele Frauen schon schwer zu verkraften. Wenn dann noch finanzielle Probleme, Arbeitsplatzsorgen und oder Armut dazukommen, ist es bestimmt keine unbeschwerte Zeit mit Freude auf das Kind.

Ganz besonders schlimm wirken sich Gewalt, Vergewaltigung und Diskriminierung auf eine schwangere Frau aus.

Die Ausprägung von depressiven Symptomen haben unter solchen Umständen alle Frauen.

Die unter den hormonellen Umstellungen leidenden Schwangeren grundsätzlich aber noch zusätzlich.

Eine Therapie ist unerlässlich für die Gesundheitserhaltung von Mutter und Kind.
Die Veränderung des Hormonspiegels unter der Depression ist ohnehin noch zusätzlich zu verarbeiten.

Konzentrationsstörungen, Angst vor der bevorstehenden Geburt des Kindes, Schlafprobleme, Mattigkeit, Abgeschlagenheit und Essstörungen zeigen sich weiterhin als Anzeichen einer Depression während der Schwangerschaft. Die fehlende Freude auf das Kind ist immer ein Alarmsignal.

Der Druck durch die Umgebung, in der Familie und im Job kann sich gewaltig auswirken. Freude auf das Kind wird immer als vorhanden vorausgesetzt.

Eine Frau, die unter den depressiven Symptomen oder der Erkrankung selber leidet, kann aber in der Regel diese Freude gar nicht mehr empfinden. Sie fühlt sich deshalb schlecht und glaubt obendrein noch eine schlechte Mutter zu werden. Mit der Geburt des Kindes kann sich das aber schnell klären. Wenn sich die Erleichterung einstellt, im wahrsten Wortsinn, geht es mit der Freude über das Baby sofort bergauf.
Mutter und Kind leiden ohne eine entsprechende Behandlung. Diese ist aber möglich und auch unbedingt sinnvoll, wenn sich eine Depression manifestiert.

Sport bei Depressionen

Bewegung lässt den Hormonspiegel ansteigen. Besonders beim Serotonin ist das zutreffend. Es verbessert die Wirkung des Hormons Noradrenalin im Gehirn. Depressive haben dadurch einen erhöhten Nutzen.

Die körperliche Fitness steigt, das Selbstwertgefühl gleich mit, weil etwas geleistet, geschafft wird.

Alles was der Sport und die Bewegung in Gehirn auslösen, machen die Psychopharmaka auch. Sport hat als Nebenwirkung vielleicht Muskelkater und eventuell auch eine gewisse Verletzungsgefahr.

Von einem depressiv Erkrankten wird aber nie Leistungssport verlangt, es sei denn er will es selber so haben.

Ausdauersport ist das Zauberwort. Ausdauer und Durchhalten bringen über einen längeren Zeitraum die Serotonin und Noradrenalin Produktion in Gang.

Was wird zum Problem?

Das Problem ist die Überwindung. Bei Depression klebt der Patient am Stuhl.

Aufstehen und Hinausgehen ist für manche eine unüberwindliche Schranke.

Es fällt so unendlich schwer die normalen täglichen Verrichtungen auszuüben.

Mit dem Staubsauger durch die Wohnung ist ein Akt der Überwindung und Aufbietung alle Kräfte. Die reichen gerade so für normale Aktivitäten.

Selbsthilfegruppen sind der ideale Treff für eine sportliche Aktivität. Die Gemeinschaft bringt Überwindung zustande, weil die anderen Teilnehmer genauso schlapp und müde sind. Vielleicht kommt sogar ein Lacher zustande, weil eben alle so sind. Die Glücksgefühle, die sich beim Sport einstellen, sind für Depressive wie dem Verdurstenden das Wasser.

Ein Beispiel ist — Die Gruppe sitzt im Kreis auf den Stühlen und ein Säckchen mit Bohnen gefüllt wird wahlweise zugeworfen. Die Tatsache, dass es sich um ein Bohnensäckchen handelt, verführt zu Heiterkeit.

Zum anderen kann bei dem Treffen der Selbsthilfegruppe durchaus der eine oder andere Luftballon fliegen und in der Luft gehalten werden, wenn alle mitmachen.

Wenn erst einmal der erste Schritt getan ist und die anderen in der Gruppe keine Fremden mehr sind, geht jede Gymnastikübung allein zu Hause. Ein Laufband oder anderes mechanisches Sportgerät, wenn Platz dafür da ist, können depressive Menschen zu Hause mit eigenem Tempo benutzen. Kein Druck, keine Anfeuerung und auch kein besonderes Ziel sind angegeben Hauptsache bewegen!

Alternative Heilmethoden

Homöopathie

Globuli 5 Stk. 3 x am Tag, so ist die Faustregel. Für die Behandlung von Depressionen und depressiven Stimmungen geeignet sind einige von diesen kleinen Kügelchen. Ambra D6, Ignatia D6, Natrium Chloratum D4 und Zincum valerianum wären ein Vorschlag für so eine Anwendung.

Bachblüten

Hier ist Gentian, der Herbstenzian, die richtige Wahl. Er hilft bei Depressionen, die auf besondere Lebensumstände zurückzuführen sind. Es wird die Antriebslosigkeit gefördert und er vermittelt Kraft zum Durchhalten. Eine weitere Blüte ist Mustard, der wilde Senf. Diese Blüten helfen bei Traurigkeit und Schwermut, die keinen Grund zu haben scheinen.

Akupunktur

Sie hilft bei leichten und mittleren Formen der Depression die Stimmung aufzubessern. Wenn die Nadeln einstechen, soll der Körper Endorphine (Glückshormone) ausschütten, die dazu beitragen, dass eine bessere Gemütslage erreicht wird.

Ayurveda

Mit der Hilfe der Pflanzenheilkunde, der Körpertherapie und spezieller Ernährungstherapie wird eine Linderung von Depressionen erzielt.

Aromatherapie

Ätherische Öle haben eine beruhigende und eben-falls entkrampfende Wirkung auf Patienten mit De-pression.

Lichttherapie

Bei der Winterdepression werden damit gute Er-folge erzielt. Gerade weil in der dunklen Jahreszeit viel Licht fehlt, verfallen Betroffene oft in Melancholie. Licht hilft dagegen! 2000 Lux muss so eine Therapie-lampe wenigstens erbringen. Das ist dem Sonnenlicht in mittleren Breitengraden ähnlich.

Elektrokonvulsive Therapie

Heilkrampfbehandlung für Patienten mit Depres-sion, die auf Psychopharmaka nicht mehr ansprechen oder wegen schwerer Herzerkrankung z. B. keine ein-nehmen dürfen. Das Gehirn wird unter Narkose kurz mit leichtem Strom durchflossen, wobei die Konzent-ration der Neurotransmitter (Botenstoffe) beeinflusst werden kann und dadurch sich die Stimmung hebt.

Johanniskraut

Hypericum Perforatum wird seit vielen Jahrhunder-ten in der Medizin verwendet. Die gepressten Blüten geben einen roten Saft ab, der Rotöl genannt wird. Wunden und Brandwunden wurden damit behandelt und auch für die Melancholie als Heilmittel eingesetzt. Hildegard von Bingen hat es als Arnika der Nerven bezeichnet. Teezubereitung — 2 Teelöffel getrocknete Blüten und Blätter auf eine Tasse Wasser.

Zu allen genannten alternativen Methoden gehören sportliche Betätigung und Entspannungsübungen unbedingt dazu.

Die Ausschüttung der Glückshormone sollte sich doch kein depressiv erkrankter Mensch entgehen lassen.

Tipps für Betroffene

An Depressionen zu erkranken ist keine heikle Angelegenheit.

Es ist zwar landläufige Meinung und viele Betroffene wollen das lieber verbergen, aber diese psychische Erkrankung betrifft so viele Menschen.

Es zugeben?

Sehr schnell gerät man in den Ruch, geistig gestört zu sein. Nur Aufklärung kann helfen.

In einem alten deutschen Film mit Heinz Rühmann, in dem er einen Dr. Prätorius spielte, befand er sich auf »der Suche nach der Mikrobe der menschlichen Dummheit«. Wir wissen ja, dass es keine Mikrobe ist und können mit der Aufklärung dagegen angehen.

Betroffene in den Selbsthilfegruppen haben schon einen Beitrag dazu geleistet. Sie stellen sich der Krankheit und gehen damit auch um.

Die Scham, eine Arbeitsbefreiung von einem Psychiater, Neurologen o. ä. Arzt beim Arbeitgeber vorzulegen, ist groß. Es ist aber nötig, weil mit den Konzentrationsproblemen und der
Schlafbedürftigkeit keine normale Arbeit ohne Fehler geleistet werden kann.

Hilfreich sind auf jeden Fall:

- Spazierengehen
- leichte Sportarten ausdauernd ausgeübt
- Schwimmen (in vielen Hotels sind auch kleinere Becken). Einfach nachfragen, weil dort nicht so viele Menschen sind.
- Gesellschaft suchen, auch wenn es sehr schwerfällt
- Selbsthilfegruppen sind der richtige Anlaufpunkt
- Erfahrungen der anderen depressiven für sich nutzen
- nur für sich selber etwas tun: Wellness Wochenende, Kosmetiktermin, Friseur und Fußpflege. Solche Anwendungen sind für das Selbstwertgefühl wichtig
- nicht Aufgeben und nicht Gehenlassen und wenn es noch so schwerfällt
- Einen Teddybären oder anderes Kuscheltier, das gefällt, kaufen. Es kann ruhig eine wenig groß sein. Damit kuscheln hilft ungemein. Dem kann man auch Sorgen in das Ohr flüstern, weil er niemandem etwas verraten wird.
- Zurzeit in Mode sind die kleinen Sorgenfresserchen. Stofftiere, die nicht so kuschlig aussehen aber eine kleine Tasche mit Reißverschluss haben, in die man eine Botschaft stecken kann.

Nirgendwo steht geschrieben, dass Erwachsene das nicht auch tun sollen!

Selbstbewusstsein stark machen

Was meinst du, wo wohnt das Selbstbewusstsein im Körper?

Du denkst, es ist fortgegangen oder ist noch nie dagewesen?

Sind es vielleicht ein paar Gene, die bei dir fehlen? Vielleicht hast du dein Selbstbewusstsein in einen alten Koffer gelegt und abgeschlossen? Jetzt steht der auf dem Dachboden und verstaubt?

Du wirst es wieder in dein Blickfeld rücken müssen und weil es in der Zwischenzeit ein wenig eingetrocknet ist, musst du es wiederauffrischen, wie es scheint.

Dass du gar kein Selbstbewusstsein hast oder jemals besessen hast, ist eher unwahrscheinlich.

Da du ja weißt, wo du es zuletzt hattest, kehre in deinen Gedanken dorthin zurück.

Wann hat es denn angefangen, dass du dir Dinge gefallen lässt und dich nicht mehr dagegen wehrst? Schon in den Kindertagen? Da ist es auf jeden Fall besser, wenn du einen Facharzt aufsuchst. Und komme nicht auf die Idee, dass es als eine Niederlage zu sehen ist.

Sieh diese Hilfe so an, wie früher als Kind, wenn du auf einer Mauer gesessen hast und das Springen von dort hinunter wollte dir nicht gelingen. Dein Freund stand bereits unten und hat dich aufgefangen. Das hat dir geholfen. Er war da aber heruntergesprungen bist du selber!

Damit es dir leichter fällt und du dein noch vorhandenes Selbstbewusstsein aus dem alten Koffer holen kannst, um es wiederaufzubauen, findest du in diesem eBook Hinweise und Ratschläge, wie du das durchführen kannst. Man kann das erlernen und das Erlernte immer wieder festigen.

Mandelkern und limbisches System– Sitz der Angst

Interessante Ergebnisse aus der Forschung belegen neuerdings, dass bei schüchternen Menschen eine bestimmte Region im Gehirn sehr aktiv ist.

Der Sitz der Angst heißt Mandelkern wegen seiner Form. Amygdala ist der Fachbegriff. Die vegetativen Abläufe, wie starkes Herzklopfen und Angstschweiß werden von dort aus geregelt. Mitten im Gehirn eingebettet und im Zusammenspiel mit weiteren Regionen des limbischen Systems, ist die Amygdala ein Zentrum und das älteste Teil des Gehirns.

Das limbische System ist verantwortlich für die Steuerungen der Emotionen, Sexualität und Erregung. Im Verlaufe von Gefahrensituationen wird die Reaktionsfähigkeit gesteuert.

Das beginnt mit Blutdrucksteigerung und die gesamte Muskulatur richtet sich auf Fluchtverhalten ein. Bei schüchternen Menschen überwiegt schon die Angst vor Gefahren und die anhaltende Furcht hemmt die wichtigen Abläufe.

Schwierige Situationen und Gefahren, die erlebt wurden, speichert das limbische System und daher ist schon die Erinnerung Auslöser, wenn etwas in der gleichen Art geschehen sollte.

Der Mandelkern selber ist mit Medikamenten nicht direkt beeinflussbar. Wirkungsvoller ist eine Verhaltenstherapie, die neue Impulse setzt und das gespeicherte Erlebnis jeweils überspielt.

Welche Rolle spielt das Elternhaus?

Vorgelebtes Verhalten der Eltern prägt das Leben. Das einmal Angenommene ist nur mit großer Mühe zu verändern. Diese Mühe lohnt sich aber in jedem Fall.

Mütter, die überängstlich ihre Kinder bewachen, sind beispielsweise für die Kinder eine schwere Last.

So manche Freude am Spiel wird sofort getrübt, wenn mütterliche Ermahnungen ein Kind veranlassen, nicht so wie die anderen Kinder zu spielen. Die Angst vor gefahren schafft neue, davon kannst du immer wieder ausgehen.

Ängstliche Kinder sind im Straßenverkehr nur mit großem Stress unterwegs.

Wenn auch du zu solchen Kindern gehört hast, die lange Zeit eine Strumpfhose unter der Hose tragen mussten, dann weißt du, wovon ich hier rede. Ausziehen vor den anderen Kindern zum Sportunterricht wird zur Qual und zum Spießrutenlaufen.

Alle anderen Kinder sind mit Kniestrümpfen unterwegs und die ganz Mutigen tragen Socken. Die Scheu sich so vor den anderen Kindern zu zeigen, verbleibt als Erinnerung für das Angstzentrum bestehen. Kinder, die nicht so spielen können, weil sie sich nicht schmutzig machen dürfen, hinfallen könnten oder sich anderweitig wehtun könnten, verlieren schnell die

Lust am Spiel.

Spielen gehört zur gesunden Kindesentwicklung und ist der wesentliche Teil im Kindesalter.

Schüchternheit kann sicher teilweise vererbt werden, ist aber meistens anerzogen.

Dominante Eltern lassen ihren Kindern wenig Spielraum zur Entfaltung eigener Fähigkeiten. Beobachten kannst du bei kleinen Kindern, dass die Schüchternen unter ihnen weniger sprachgewandt sind. Das wird dann mit dem Schulalter schlimmer, wenn die gnadenlosen Klassenkameraden sich ihre »Opfer« aussuchen.

So können 2 Verhaltensweisen entstehen, die das Leben prägen. Entweder wird das Kind zum Daueropfer. Es verhält sich still und verschlossen, damit man es möglichst nicht bemerkt oder Wut und Enttäuschung brechen sich Bahn und Aggressivität wird zum vorherrschenden Merkmal.

Selbstwertgefühl, Selbstvertrauen und Selbstbewusstsein

Wörter, die viel miteinander zu tun haben, sind diese beiden Begriffe. Ohne ein gesundes Selbstwertgefühl kann sich kein Selbstvertrauen entwickeln. Klären wir als erstes die Bedeutungen, damit du einen groben Überblick erhältst.

Selbstwertgefühl

Das ist der Blick auf dich selbst, deine Fähigkeiten und welchen Wert du dir selber gibst. Wie erkennst du dich? Erfolgreich und aufstrebend? Doch nicht? Eher bescheiden und klein?

Es ist nicht zu verwechseln mit Selbstbewusstsein.

Selbstvertrauen

Damit ist das Vertrauen in dich selbst und in deine Fähigkeiten gemeint.

Selbstbewusstsein

Mit dieser Fähigkeit nimmst du dich als Person und Mensch selber wahr. Was tust du und vor allem wie machst du das.

Selbstbewusstsein gibt Stärke

Unter der Berücksichtigung der berechtigten Ansprüche und Werte von anderen Menschen die eigenen Wünsche und Rechte einfordern.

Das geht mit Selbstbewusstsein gut.

Ich selber entscheide für mich, ob ich für etwas kämpfen will oder es bleiben lasse. Ich entscheide immer selber darüber, wie ich mich verhalten werde.

Selbstwertgefühl, Selbstvertrauen und Selbstbewusstsein

Wenn ich in einer Sache nachgebe, dann ist das nur so, weil ich mich dafür entschieden habe. Niemals, weil ich von anderen Menschen dazu gedrängt wurde oder die Angst mich dazu trieb.

Keine Fremdbestimmung entscheidet jemals über mein Leben. Ich bin es immer selber und meine Entscheidungen sind frei.

Gedanklich analysiere die Situationen von deiner Angst und Unsicherheit, um Ansatzpunkte zu finden, die eine Veränderung herbeiführen können.

Warum verhältst du dich so, diese Gründe führen dich jeweils einen Schritt weiter.

Überblick generiert Durchblick

Gute Übersicht über deine vorhandene Selbstwahrnehmung ist ein Weg, der zum Start nötig ist. Welche deiner Eigenschaften gehören zur positiven Seite und welche müssen auf die negative Seite. Wie beim Konto Soll und Haben ermitteln. Hier ergibt sich kein Saldo, sondern eine Liste mit 2 Spalten.

Diese zeigen dir eine gute Gegenüberstellung über deine Stärken und Schwächen.

Es ist besser, mit einer oder mehreren Vertrauenspersonen darüber zu sprechen. Ihre Objektivität ist gefragt und ihre ehrliche Meinung.

Das Ergebnis wird überraschend für dich sein, denn die Meinungen gehen oft sehr weit auseinander. Objektiv bleiben nun Eigenschaften übrig, die ein Zeichen für dich setzen, was du verändern kannst.

Einige Änderungen werden sicher notwendig sein, um dein Selbstbewusstsein zu stärken.

Nicht aufgeben ist der einzige Weg

Nicht wieder aufgeben ist wichtiger, als alles andere. Wer erkannt hat, dass sein Selbstbewusstsein eingestaubt in der hintersten Ecke lag, es dringend eine Generalreinigung braucht und dann der Rest aufgefrischt werden muss, hat gute Chancen. Du weißt nun, welche Situation für dich schwierig ist. Du weißt nun auch genau, dass du da ansetzen musst. Also begib dich in eine solche schwierige Situation und stell dich der Herausforderung. Erfolgserlebnisse brauchst du, um dein Ego aufzurichten und wieder vorzuzeigen.

Wie wäre es mit einer ganz einfachen Übung, die besonders für einen Mann eine No-Go Area ist–Das Fragen nach dem Weg!

Du gehörst vielleicht auch zu der Spezies, die lieber 3 x einen Umweg fährt, statt einmal zu fragen. Vorausgesetzt, dein Navi hat dich in die Irre geschickt, statt die richtige Straße zu finden.

Versuche es einmal und freue dich über dich selber, wenn du die Worte tatsächlich ausgesprochen hast.

Die Steigerung ist dann, eine Frau oder einen Mann anzusprechen. Traust du dich überhaupt so etwas zu tun? Nein-jetzt schon!

Das ist nämlich deine nächste Übung. Dazu brauchst du aber einen Freund oder eine Freundin, als Begleitung und als Zeuge. Natürlich nicht eine Niederlage, sondern für die Rückendeckung, damit du nicht aufgibst.

Es ist hierbei nun völlig egal, ob du jemand nach der Telefonnummer fragst oder nach einem möglichen Date. Geh fragen und die Antwort, wie immer sie auch ausfällt, ist nicht mehr wichtig. Es sei denn, du bekommst sofort positives Feedback.

Bei Frauen ist es diffiziler. Einen Mann anzusprechen ist nicht so üblich und kostet Mut.
Das Prozedere ist aber gleich.
Mit Freundin losgehen und mutig einen Mann ansprechen, ob er als Begleitung mitgehen würde oder ob er auf einen Kaffee mitkommen kann, weil allein in ein Café, das traust du dich nicht. Mach es!

Es gilt ganz einfach, die Antwort ist fast egal, Hauptsache du sprichst endlich einmal jemand an.

Affirmation

Etwas zu ändern ist immer ein mit Geduld verbunden. Vielleicht brauchst du dabei Unterstützung. Eine einfache Methode dafür ist die Affirmation. Selbst bejahende Sätze, die durch das stetige Aufsagen in unserem Gedächtnis gespeichert werden und unsere Erinnerungen überspielen. Du musst also die Festplatte mit neueren Dateien überspielen.

Es geht um nachhaltige Veränderung und nicht nur um eine kurzzeitige Aufnahme in unseren Wortschatz.

Alles was wir in unserer Gefühlswelt gesammelt haben, was wir denken und dann danach handeln, ist immer im Zusammenhang und wechselseitig zu sehen. Lernen wir also einen Satz mit großer Bedeutung und speichern ihn in unserem Gedächtnis, erhält er eine Wirkung auf das Verhalten.

Beispiele für solche Sätze sind wie folgt:

»Ich glaube an mich. Jeden Tag mehr und mehr.«

Sätze wie dieser sind Affirmationen. Sie wirken auf das Selbstbewusstsein und entfalten positive Energie.

Jede Affirmation hat eine gefühlsmäßige Wirkung in uns. Auf deinen Bauch hören hilft hier weiter. Das Gefühl, ob du das für dich annehmen kannst, entwickelt sich hier.

Ein Beispiel für einen ungeeigneten Satz ist: »Ich bin schlank.«

Meistens ist das eine Lüge. Wer schon schlank ist, braucht diesen Satz nicht wie ein Mantra aufzusagen. Wer nicht schlank ist, lügt bei dem Satz. Also stimmt die Formulierung nicht.

Ebenso: »Ich wünsche mir schlank zu sein.« Das betrifft dann den Wunsch, nicht die Figur.

Das bedeutet bei jeder Affirmation, dass die Formulierung wichtig ist. Wer schlank sein möchte, muss weniger essen und Sport treiben. Demnach wäre die Formulierung: »Ich erlaube mir jeden Tag schlanker zu werden.«

Oder in einer ähnlichen Form.

Der Anfang wird nicht leicht. Die alten Gedankenmuster sind im Gedächtnis einzementiert und neue brechen sich erst ihre Bahn. Nicht aufgeben und immer wieder festigen, dann setzt die Wirkung ein.

Damit dir die Formulierungen leichter fallen, hier ein paar Beispiele, wie sie anfangen sollten.

> Ich kann mir vorstellen, dass
> Ich darf Ich erlaube mir ein
> Ich freue mich

Affirmationen helfen dir auf sanfte Weise. Sie kosten nichts und sind wirksam

Anzeichen für mangelndes Selbstbewusstsein

Anzeichen dafür sind:

Positiv Denken kannst du nicht? Alles ist nur schlimm?

Jeder kann von dir erwarten, dass du Aufgaben übernimmst, die du nicht willst?

Du kannst partout nicht »Nein« sagen und lässt dich immer wieder leicht überreden?

Deine Körperhaltung ist hinunter geduckt und du versuchst damit dich kleiner zu machen, damit du übersehen wirst?

Sind solche Anzeichen deine täglichen Begleiter?

Stress und Frust begleiten dich immer, weil du aus deiner Tretmühle nicht hinauskommst.

Du bist aber selber dort hineingegangen!

Dieser Ratgeber zeigt dir einen Weg, wie du dort wieder hinauskommst!

Anzeichen für Selbstbewusstsein und Selbstsicherheit

Solche Anzeichen sind:

»Nein« sagen ist ein sicheres Anzeichen, weil es bei schwachen Menschen nur schwer über die Lippen kommt.

Wünsche und Forderungen für sich selber äußern.

Eigene Meinung sagen, die auch vertreten und bei Kritik, diese auch anzunehmen.

Sich und anderen Menschen Fehler zugestehen.

Hast du solche Anzeichen jemals bei dir bemerkt? Wenigstens eins davon?

Das wäre gut, weil du da ansetzen kannst und eine Stärkung erreichen kannst.

Wenn weder das eine noch das andere auf dich zutrifft, beginnen wir zunächst mit der wichtigsten Lektion.

Körperhaltung mit Spannung

Der Mensch geht normalerweise aufrecht und trägt sein Haupt hocherhoben.

Bei mangelndem Selbstbewusstsein ist seine Körperhaltung dem unguten Gefühl angepasst und seine geduckte Haltung wird zu einem äußeren Anzeichen. Immer gewappnet für den nächsten Schlag, der ja zwangsläufig folgen muss, bleibt die Haltung geduckt. Im Laufe der Zeit bildet sich die Halswirbelsäule zu einem Buckel um.

Stell dich vor deinen Spiegel und sieh ganz bewusst hin. Hängen deine Arme schlapp herunter und Spannung ist deinem Körper nicht anzusehen? Der Kopf ist nach unten geneigt und dein Hals ist nur ganz schwer zu erkennen?

Übung:

- ➤ stelle dich ganz gerade hin, auch wenn dein Rücken dabei wehtut
- ➤ hebe deinen Kopf richtig hoch
- ➤ gib dir innerlich einen Ruck und die gesamte Muskulatur richtet sich mit Spannung auf
- ➤ den Bauch hineinziehen
- ➤ die Schultern hochheben
- ➤ sieh einmal unter deinem Kinn den Hals an
- ➤ halte eine Weile diese Pose
- ➤ wiederhole das so oft, wie du glaubst es aushalten zu können und noch mindestens eine Sekunde länger

Allein die veränderte Haltung macht plötzlich, dass du einen anderen Menschen im Spiegel sehen kannst. Gehe zu Hause öfter in dieser Haltung, damit sich der Körper daran gewöhnen kann. Models legen sich beispielsweise ein Buch auf den Kopf und gehen damit aufrecht so lange, wie sie die Pose aushalten können. Immer und immer wieder. Erweitere den Weg in dieser Haltung stetig.

Sprache angepasst zur Körperhaltung

Das hast du sicher schon selber einmal analysiert. Die Sprache von unsicheren und unter mangelndem Selbstbewusstsein Leidenden ist einer geduckten Körperhaltung angepasst. Leise und manchmal kaum zu verstehen ist die Sprache bei ihnen. Bloß nicht irgendwie auffallen, man könnte ja aus Versehen etwas Unpassendes sagen und alle lachen dann darüber.

Diese Vorstellung allein ist schon so schlimm, dass eben die möglichste Unauffälligkeit versucht wird und man macht sich klein.

Dieses Problem zu beheben, ist nicht schwer. Im Zusammenhang mit den anderen Übungen zur Körperhaltung ist physisch eine Veränderung möglich. Aufrecht stehen und den Kopf oben behalten, bedeutet rein anatomisch, dass die Atemluft besser in den Körper kann.
Mit frischem Sauerstoff angereichert pulsiert dein Blut viel lebendiger. Die Sprachübungen verschaffen dir mehr Selbstvertrauen, wenn du die ersten Erfolge verbuchen und positive Rückmeldung erhalten hast.

Sprich langsam und verständlich und werde immer lauter. Die Betonung in deiner Sprache wird mit der Zeit ebenso passend werden.

Das Gefühl von dir und deinem Körper verändert von dem dünnen Stimmchen zu einer geraden und mit positiver Ausstrahlung versehenen Stimme.

Fühl dich nicht länger so klein und zurückgenommen! Mit einem perfekten Vorbild fällt es dir sicher leichter. Gibt es da einen Prominenten oder Politiker, den du gerne reden hörst? Schau bewusst zu, wie der das macht.

Mimik ist ausdrucksstark

Jederzeit einsatzfähig, ein deutliches Zeichen von Selbstbewusstsein und Sympathie, ist das Lächeln.

Ohne große Mühe und sofort umzusetzen, macht ein Lächeln dein Gesicht viel schöner und frischer. Jeder Angesprochene wird dir sofort ebenfalls mit einem freundlichen Lächeln antworten.

Dein Spiegel ist ein unbestechlicher Freund. Mit ihm kannst du das immer wieder ausprobieren.

Sieh zu, wie dein Gesicht sich dabei verändert und entscheide selber welche Mimik dir dann besser gefällt.

Lach mal wieder kräftig mit, wenn sich eine Gelegenheit bietet.

Lachen befreit dich und die Mediziner sagen sogar, es erweitert die Gefäße. Das Blut kann dabei besser fließen und die gesamte Durchblutung wird verbessert. Du wirst jetzt staunen, denn beim Lachen bewegst du tatsächlich 135 Muskeln. Bei den Augenmuskeln kennen wir ja die Bezeichnung Lachfältchen. Muskeln am Mund, dem Hals, dem Brustkorb, Zwerchfell und dann noch Bauchmuskeln gehören zu der Sammlung, die beim Lachen mit beansprucht wird.

Die Aufforderung an dich: »Lach mal wieder«, hat sogar den Effekt, dass es wie ein schnelles Entspannungstraining wirkt. Der Blutdruck wird gesenkt und die unerwünschten Stresshormone werden wieder abgebaut. Eine Stärkung des Immunsystems ist eine unmittelbare Folge des befreienden Lachens.

Egoismus vs. Selbstliebe

Sich selbst zu lieben ist mitunter eine schwere Aufgabe. Das wird oft falsch eingeschätzt und als Egoismus bezeichnet. Die Art, wie man sich selber liebt, hat nichts mit der Selbstverliebtheit von Egoisten und Egomanen zu tun. Egoisten sind nur auf die Vorteile für sich selber bedacht und Rücksichten werden von ihnen nicht genommen auf niemanden. Für solche Menschen zählt lediglich der eigene Vorteil. Das unterscheidet sie im Wesentlichen von allen anderen Menschen.

Egoisten und Egozentriker sind zur Empathie nur wenig und selten überhaupt fähig. Die ständige Beachtung der eigenen Bedürfnisse lässt das für sie kaum zu. Wichtig sind ihnen Symbole, die den eigenen Status unterstreichen können. Ein Gefolge von willigen Menschen, die sich auch noch ausnutzen lassen, gehört häufig zu solchen Personen.

Gibt es denn einen schleichenden Übergang von Selbstliebe zum Egoismus? Oder auch umgekehrt? Das ist sehr gut möglich. Wer sich selber lieben kann und sich mit allen Fehlern selber akzeptiert, der ist doch auch für Aufmerksamkeit durch andere empfänglich. Je nach Charakterstärke und der andauernden geschenkten Aufmerksamkeit ist der Übergang zum Einfordern von solchen Arten Zuwendung möglich. Der

Egoismus beginnt ab dem Moment, wo wir beginnen zu erwarten, dass andere für uns tätig werden. Selbst die Erwartung geliebt zu werden gehört dazu.

Einzig die Selbstliebe wird zu einem Rivalen des Egoismus.

Zu wenig Fürsorge für sich selber, führt ebenso zu egoistischen Verhalten. Wer sich selber ablehnt, ermuntert seinen Selbsterhaltungstrieb auf Angriff umzuschalten und das tut uns nicht gut. Wir haben als kognitive Wesen die Fähigkeit, uns selber zu ändern und Verhaltensweisen anzunehmen, die wir für uns als gut erachten.

Selbstbewusstsein erlernen Step by Step

Man sagt auch nicht umsonst, dass Menschen, die sich selber lieben, andere lieben können. Lebensfreude, die ansteckt und die Energie, die versprüht wird, kommt bei den anderen Menschen positiv an. Du kannst es erleben, wenn die Ratschläge ihre Wirkung zeigen.

Für den Beginn der Zeit, in der du dich selber lieben wirst, brauchst du erneut einen Spiegel.

Stelle dich davor hin und schau dich an:

Sprich nun mit dir! Sage dir, dass du dich liebst. Sage deinen Namen und dass du dich liebst. Völlig verblüffende Wirkungen erzeugt so ein Moment vor dem Spiegel.

Sei darauf gespannt, was mit dir passieren wird.

Verzweifle nicht gleich beim ersten Mal, wenn du das noch nicht gleich fertigbringst. Du bist nicht der erste und einzige Mensch, dem das passiert. Es lässt sich durch weiteres Üben erlernen und weiter ausbauen.

Sieh dich immer wieder an und versuche es dir selber zu sagen, dass du so wie du bist, völlig in Ordnung bist und dass du dich liebst.

Es ist nur eine kleine Dosis Egoismus dabei, wenn du für diese Momente nur auf dich allein fokussiert bist. Nimm dir bitte diese Zeit!

Lerne deinen Körper richtig kennen und auf jede Partie zu achten. Das geht gut unter der Dusche oder in der Badewanne. Verwöhnendes Duschbad hilft gut dabei, weil Duftstoffe anregend und die anderen Bestandteile pflegend sind. Genauso Badezusätze mit duftenden und entspannenden Wirkungen. Nimm einen Badeschwamm oder eine Bürste und beginne deinen Körper langsam mit der Emulsion einzuseifen. Spüre deine Haut und genieße den Duft der ätherischen Öle, die nun ihre Wirkung entfalten.

Nicht einfach nur schnell einseifen und abspülen. Hier geht es darum, dass du dich annimmst, deinen Körper in allen Partien spürst und dir Gutes tun wirst. Wann hast du sonst deine Oberarme näher betrachtet und gefühlt. Deine Waden und die dünne Haut auf den Schienbeinen. Das alles bist du und du bist es wert geliebt zu werden.

Eincremen nach dem Bad schließt das Procedere ab. Partie für Partie und dich selber dabei spüren. Von oben bis unten und du wirst im Laufe der Zeit ein anderes Körpergefühl haben und dich mit anderen Augen sehen.

Bist du ein Schnellaufsteher? Springst du sofort auf und bist sofort raus aus dem Bett, wenn der Wecker klingelt?

Dann ist der Vorschlag nicht für dich geeignet.

Aus dem Aufstehen kann man durchaus eine

Übung machen.

Nach dem Aufwachen gönne dir ruhig eine Minute länger bis zum Aufstehen. Strecke dich ganz aus und finde dich gut!

Sage dir innerlich und wenn du magst auch laut, dass der Tag schön wird und dass du dich darauf freust. Eine gute Tasse Kaffee oder Tee und der Blick in die Tageszeitung gehören für dich zum Start in den Tag. Freu dich wirklich darauf, denn auf diese Weise baut sich positive Energie auf und die guten Hormone strömen durch deinen Körper.

Eine wichtige Regel für alle deine Bemühungen bekommst du nun an dieser Stelle mit auf den weiteren Weg.

Alle Übungen und Veränderungen in deinem Leben auf dem Weg zu mehr Selbstbewusstsein musst du mindestens für 30 Tage am Stück zu Beginn durchhalten. Forschungen zum Verhalten der Menschen haben als Ergebnis erbracht, dass diese Anzahl von Tagen unbedingt erreicht werden muss, damit sich die neue Verhaltensweise als Gewohnheit etablieren kann. Erst danach beginnen wir dies beizubehalten und weitere 30 Tage werden dir nicht mehr schwerfallen.

Es gehört zu deinem Weg, dass du alle deine Stärken und vor allem deine Schwächen kennenlernen und akzeptieren musst.

Tipps für den Weg zu mehr Selbstbewusstsein

Die obere Priorität liegt bei dir. Es geht um dein Selbstbewusstsein und um dein Leben.

Wichtig ist, was du willst. Es ist kein Egoismus, wenn du anderen nicht helfen kannst. Wenn du genug Energie übrighast, dann erst funktioniert das.

Lobe dich für gute Ergebnisse und gönne dir Belohnungen dafür.

Sieh dich im Spiegel an und sage dir jeden Morgen, dass du dich liebst.

Sei dankbar und schreibe dir das auf, was am Tag gut für dich war.

Fehler und andere Unannehmlichkeiten lasse hinter dir. Lerne daraus und mache ihn nicht wieder. Erledigt!

Bei allem was du in Angriff nimmst, mach es mit Freude und habe Spaß.

Suche dir Sprüche und Zitate, die dich angesprochen haben. Schreibe sie für dich auf und lege sie an alle möglichen Plätze in deiner Umgebung.

Analysiere unangenehme Situationen genau. Ist es ein Problem oder hast du eins daraus gemacht.

Selbstwertgefühl aktiv anheben attraktiv wirken

Welchen Wert du dir beimessen kannst durch die Erlebnisse und Erfolge in deinem Leben und welchen Wert du dir selber gibst mit deinem Verhalten, das macht dein Selbstwertgefühl aus.

An sich selber zu glauben und sich selbst zu lieben, sind wichtige Grundlagen, um dein Selbstwertgefühl zu steigern.

Die Ausgangsposition im Leben entscheidet viel über den weiteren Werdegang. Das ist soweit ja klar. Spätestens mit dem Eintritt in das Berufsleben hat jeder Mensch die Möglichkeiten alles zum Besseren zu ändern. Hast du bis dahin für deine Authentizität die notwendige Anerkennung und auch Lob erhalten, sind deine Chancen besser.

Hier geht es wieder nur um dich und deine Möglichkeiten, positive Veränderungen herbeizuführen.

Erforsche deinen eigenen Wert

Das Gefühl von Wertlosigkeit kannst du ablegen wie einen alten Mantel. Wie erkennst du das aber, wenn dieser alte Mantel dich immer gewärmt und geschützt hat?

Beginne zunächst damit, dich zu fragen:

Ist das überhaupt mein Mantel?

Habe ich den ganz neu und nur für mich allein bekommen oder ist es ein abgelegter Mantel von meinem Vater?

Diese Antwort ist wesentlich für dich. Neu würde ja bedeuten, dass du die Ursachen für Wertlosigkeit selber gesetzt hast.

Abgelegt ist sinnbildlich für die Erziehung, die dir zuteilwurde.

Wie war denn das mit dem Gefühl? Welche Situationen haben dich zum Gefühl der Wertlosigkeit gebracht? Was muss anders sein und werden, damit du dich als wertvoll empfinden kannst?

Beantworte dir die Fragen, ob du für dich selber etwas unternimmst, um dich endlich wichtig zu nehmen.

Was kannst du selber tun, um von anderen Menschen voll anerkannt und wichtig zur Kenntnis genommen zu werden?

Unter welchen Umständen werde ich das Gefühl wertlos zu sein, nicht los?

Selbstwertgefühl entdecken, erlernen und ausstrahlen wird deine Aufgabe.

Dein Selbstwertgefühl zu steigern, wenn du das wirklich willst, erlernst du durch die Liebe zu dir selbst. Du bist ein Mensch, wie jeder andere. Jeder hat besondere Fähigkeiten, die es zu fördern gilt. Du hast den Willen zu Veränderung und das ist wertvoll.

Mit diesem eisernen Willen und dem Wissen, was dich veranlasst hat zu glauben, dass dein Körper und deine Ausstrahlung nicht optimal sind, beginnst du deine Veränderung mit kleinen Schritten.

Betrachte deinen Körper einmal genau und suche die Regionen, die besonders schön sind. Keine Angst, denn du hast bestimmt genug Stellen davon.

Betone alles mit Kleidung, Frisur und bei Frauen mit Make-up, was schön an dir ist.

Verstecke dich nicht mehr hinter mausgrauer Fassade, denn Farbe tut bestimmt not.

Farbberatung und Styling helfen dir die richtige Untermalung zu finden. Mit Gefühl für Schönheit und Stil erkennst du selber, welcher Farbtyp du bist.

Gesunde Bräune oder schnelle Farbe aus dem Sonnenstudio brauchst du noch, um gesund und frisch auszusehen. Soweit zu den äußerlichen und schnell zu erreichenden Veränderungen.

Die innere Haltung und Anerkennung deines ohne

Zweifel vorhandenen Selbstwertgefühls benötigt mehr Zeit. Wie bereits erwähnt, sind mindestens 30 Tage lang die veränderten Verhaltensweisen beizubehalten, damit sie dann als Gewohnheit etabliert sind. Deine Lebensqualität und Lebensfreude erfahren einen gewaltigen Schub und deine Beziehung wahrscheinlich unweigerlich auch. Nützlich und besonders wichtig sind in diesem Zusammenhang unbedingt Gespräche mit dem Partner oder der Partnerin. Alle Veränderungen brauchen Unterstützung und müssen von den Lebenspartnern unbedingt mitgetragen werden, damit sie erfolgreich bleiben.

Vorteilhaft für die Unterstützung bei der Stärkung des Selbstwertgefühls ist es immer, wenn entweder gemeinsam oder durch Rücken freihalten, sportliche Betätigungen möglich sind.

Was ist zu tun, um das Selbstwertgefühl zu steigern

Zunächst alles, was Spaß macht, führt zu einer Steigerung deines Selbstwertgefühls.

Sport hilft dir deine Grenzen zu finden und zu auch einmal zu überschreiten.

Glückshormone schwemmen dann durch deinen Körper und Glücklichsein macht attraktiv.

Attraktivität erhöht das Selbstwertgefühl und macht sofort eine andere Körperhaltung. Das ist wesentlich in deinem Erscheinungsbild und es wird bei anderen Personen durch ihr Vertrauen und Respekt anerkannt.

Selbstvertrauen aus dem Ausfallmodus holen

Viele Faktoren zeigen mangelndes Selbstvertrauen an wie z. B. gehemmt sein, unsicher in vielen Lebenslagen sein und ständige Zweifel an sich selbst haben.

Anstehende Aufgaben sind für den ängstlichen Selbstzweifler riesige Berge, die er nicht überwinden kann. Diese Menschen sind davon überzeugt, dass ihre Fähigkeiten nicht ausreichen werden, um das bewältigen zu können. Darum fangen sie erst gar nicht damit an.

Alle diese Faktoren bremsen dich in deinem Weg aus und zeigen den Mitmenschen obendrein noch deine Gefühlslage an. Misserfolge begleiten dich und potenzieren sich zum Unglück.

Dein Selbstvertrauen wiederaufbauen und stärker machen ist nun deine Aufgabe.
Mach dir immer wieder bewusst, dass du Vertrauen in deine eigenen Fähigkeiten haben kannst. Die Menschen, die über ein hohes Selbstvertrauen verfügen, sind sich sicher, dass sie die vor ihnen liegenden Aufgaben auch schaffen können.

Erfahrungen aus der Kindheit sind meistens der Ursprung dieser Zweifel. Solche Sätze wie: »Ach lass das lieber bleiben, das wird nichts!« holen jedes Kind aus seinem Weg, es zu versuchen Vertrauen in uns selber gewinnen wir nur, wenn wir Erfolgserlebnisse hatten und die Eltern an unsere Fähigkeiten geglaubt haben. Wenn früher keine Möglichkeiten da waren, die uns gezeigt haben, dass wir in der Lage sind, die großen Herausforderungen auch zu bewältigen, gibt es kein Vertrauen in uns.

Schade, denn so ist ein negatives Bild entstanden, dass wir beibehalten haben.

Mögliche Chancen werden vergeben, weil es ja sowie keinen Zweck gehabt hätte.

Keine Erfolge zu haben, sorgt weiter für ein niedriges Niveau und sind somit ein Beleg für meine eigene Unfähigkeit. So potenziert sich die Erfahrung bis zu diesem Punkt.

Du hast jetzt erkannt, dass es der falsche Weg war und Vertrauen in dich gerechtfertigt ist.

Deine Passivität hört ab sofort auf!

Es spielt keine Rolle, ob du die Aufgaben tatsächlich und sofort bewältigst. Der Glaube an dich ist ausschlaggebend. Du beginnst, glaubst an deine Kraft zur Lösung des Problems. So beginnt dein Erfolg!

Tipps

- ➢ Fehler zu machen, ist kein Problem
- ➢ lerne immer aus deinen Fehlern
- ➢ mach dich nicht selber kleiner oder dümmer
- ➢ erkenne Erfolge, die dir gehören
- ➢ kleine Leistungen zählen ebenso wie große Erfolge
- ➢ komme heraus aus deinem Schneckenhaus und suche Gelegenheiten für Erfolg
- ➢ beginne mit kleinen Herausforderungen, die dir gelingen können
- ➢ sammle die Erfahrungen, wie gut es dir tut, wenn du etwas geschafft hast
- ➢ überprüfe immer wieder die Angst, die dich hemmt
- ➢ wie wahr ist sie, die Angst, weil sie nur in deinem Kopf existiert
- ➢ schaffe überzeugende Auftritte für dein Selbstbewusstsein

Die Annahme und die Umsetzung dieser Tipps werden die größte Herausforderung für dich, wenn du bislang nur mit großer Zurückhaltung gelebt hast. Die Schaffung deines positiven Selbstbildes ist nicht sofort oder im Handumdrehen für dich möglich. Es mag ja Veröffentlichungen geben, die dich glauben machen wollen, mit 5 Tipps im Nu zu einem Macher zu werden.

Wieder erinnere ich dich daran, dass mindestens eine Frist von 30 Tagen notwendig ist, um eine dauerhafte Gewohnheit zu manifestieren. Die Betonung liegt hier auf mindestens, da jeweils von Mensch zu Mensch die Frist variieren oder ganz abweichen kann.

Dein eigener Wille lässt dich entscheiden, wie gut oder schlecht du dich durch Zweifel an dir selber fühlen wirst.

Niemand anderes trägt Verantwortung dafür und du kannst auch niemandem die Schuld oder Verantwortung für dein Versagen geben oder für einen grandiosen Erfolg.

Spielerisch dein Selbstvertrauen aufbauen

Zur Stärkung deines Selbstvertrauens sind auch einige spielerische Varianten möglich. Nimm dir dazu Freunde mit ins Boot und versucht es dann gemeinsam:

Bei einem gemütlichen gemeinsamen Abend kannst du deinen Freunden einmal klar und deutlich erklären, was du an dir leiden magst. Gut ist es dann, wenn einer der Freunde das wegen der Beweiskraft notiert.

Anschließend sagen dir deine Freunde, was sie an dir mögen. Streiche die doppelten Antworten weg und wundere dich über den Rest.

Ein weiteres und amüsantes Spiel ist der Vergleich mit geeigneten Tieren.

Jeder für sich sucht sich ein Tier aus, dass entsprechend zu seinem Gefühl für sich passt. Anschließend wird gemeinsam für jeden festgelegt, welches Tier wohl passen kann.

Zum Abschluss kommt die Auswertung. Jetzt zeigt sich einmal deutlich, wie jeder sich eingeschätzt hat und wie die anderen das sehen. Grobe Selbstüberschätzung oder vielleicht sogar voll daneben, alles kann somit zum Vorschein kommen.

Verantwortung und Vertrauen-sein Wort geben und halten

Verantwortung für uns tragen wir selber und allein. Niemals und nicht andere Menschen. Als einzige Ausnahme gilt schwere Krankheit, die das für einen selber unmöglich macht. Eine klare Grenze zwischen den beiden Verantwortungen hilft uns zur Unterscheidung erst einmal einen Schritt weiter.

Wir sorgen zuallererst für uns selber und wenn die Kraft reicht, dann auch für andere. Und nur dann und nicht früher. Das bedeutet natürlich nicht, dass der Weg zum Egoisten gemeint ist und unsere Verantwortung für die nächsten entfällt. Nein sagen ist das Wichtigste, was es zu erlernen gilt. Es klingt so hart gesagt, schützt aber unsere Energiereserven. Es ist niemandem geholfen, wenn die Kräfte übersteigend noch Hilfe für andere erwartet wird. Niemand darf erwarten, dass nach einem anstrengenden Tag, freudig abends bei einem Anruf noch zusagt, bei einem Umzug weiter zu helfen. Die Entscheidung, dann nein zu sagen fällt sehr schwer. Es ist zur eigenen Sicherheit nötig, weil übermüdet und völlig ausgepowert schnell Fehler passieren, die schwerwiegende Folgen für andere und einen selber haben können. »Nein, jetzt geht es nicht!« Wer diese Worte aussprechen kann, schützt sich selber. Ein pures Pflichtgefühl zu erfüllen, bekommt einen Touch, der nicht gewollt sein kann. Geplant und nach Absprache zu helfen, das ist Ehrensache. Andererseits kann so ein Anruf auch echte Hilfe in Form von Gesprächen einfordern. Das abzulehnen, fällt noch schwerer und muss vielleicht auch nicht sein. Kurzgehalten, mit dem Hinweis auf die eigene Verfassung, kann ein Anfang sein. Einen weiteren Termin zu vereinbaren, damit genug Zeit zum Reden ist, stellt doch kein Problem dar.

Der große Unterschied besteht einfach darin, wenn du eine Zusage gegeben hast. Dein Wort gilt und darauf muss man sich verlassen können. Es verpflichtet dich zur Leistung.

Sein Wort geben und auch einhalten ist eine wunderbare Sache für beide Seiten.

Dieses Vertrauen darf nicht durch unbedachtes Handeln zerstört werden. Aus so einer Verpflichtung kann man nur herauskommen, wenn man den anderen freundlich um eine Entpflichtung von der Zusage bittet.

Das ist ein wenig aus der Mode gekommen aber wichtig für vertrauensvolles Miteinander. Das Gespräch über die Gründe dieser Bitte wird zu einer Entpflichtung führen.

Soviel Selbstvertrauen, so etwas auch durchzustehen, hast du mit der Hilfe dieses kleinen Handbuches sicher gelernt.

Power Tipps

Die Bedeutung der Begriffe und Inhalte von Selbstbewusstsein, Selbstvertrauen und Selbstwertgefühl hast du hier im Zusammenhang erläutert bekommen. Ein Kompendium oder Handbuch mit Ratschlägen und Übungen für dich einfach anzuwenden, ist daraus geworden.

Wie du es anwendest und ob du es überhaupt nutzen wirst, liegt allein in deiner Verantwortung.

Du hast richtige Power Tipps erhalten, die jetzt als kleine Zusammenfassung noch einmal zum besseren Gedächtnis hier stehen:

- Realität erkennen und akzeptieren
- bewerte dich selber richtig und nimm dich an
- höre auf, dein schlimmster Feind zu sein
- liebe dich endlich uneingeschränkt, weil du es wert bist
- sage immer deine Meinung, vertrete sie gegen andere Meinungen und finde ordentliche Kompromisse, wenn es nötig ist
- verantworte dein Leben selbst und bleibe immer authentisch

Kein einziger Tipp davon hat den Anspruch auf vollkommene Hilfe, denn ohne dein eigenes Zutun hilft dir kein einziger Tipp.

Fazit

Dieses Kompendium mit Informationen und Hilfestellungen für den Weg in ein angstfreies Leben sollen für dich erste Schritte leichter machen. Es soll dir zeigen, dass einen Weg gibt, der dich aus der Tiefe wieder hervorholt. Nicht immer muss ein Arzt mit den Psychopharmaka darauf einwirken. Du kannst vorbeugen und die ersten Anzeichen, die du bemerkst, zunächst selber bekämpfen. Viele Tipps und Ratschläge zeigen dir, dass es geht.

Niemand außer den Menschen, die selber davon betroffen sind, können auch nur im Ansatz nachvollziehen, womit du dich täglich quälst. Frauen mit despotischen Männern daheim, die bereits beim Hören der Schritte ihres Mannes auf dem Flur zusammenzucken und in Panik verfallen. Wie wird er jetzt gelaunt sein? Wird es Ärger geben?

Oder Männer, die in ihrem Job unzufrieden sind, weil schikanöses Verhalten von Kollegen den Arbeitstag unerträglich macht. Angst in allen Formen beeinträchtigt das Leben schwer und niemand sollte in Angst leben müssen.

Dass du es nicht oder nicht mehr tun willst, hast du schon beim Kauf dieses Büchleins bewiesen. Nimm jede Hilfe an, die dir geeignet scheint und nimm dich selber wieder ernst.

Viel Glück auf deinem Weg!

Notizen

Quellenangabe

https://www.focus.de/gesundheit/experten/angststoe rung-endlich-wieder-angstfrei-leben_id_8317321.html

https://www.netdoktor.de/krankheiten/depression/

https://was-tun-bei-depressionen.com/?gclid=EAIaIQobChMIk9WU9tuN3g IVZpPtCh2xvw-DEAMYASAAEgLYoPD_BwE

https://www.neurologen-und-psychiater-im-netz.org/psychiatrie-psychosomatik-psychotherapie/stoerungen-erkrankungen/depressionen/fruehsymptome/

https://www.deutsche-depressionshilfe.de/depression-infos-und-hilfe/selbsttest

https://www.gesundheit.de/krankheiten/psyche-und-sucht/depressionen/depressionen-wenn-die-seele-trauer-traegt

https://www.volkskrankheit.net/a_z/depression-ueberwinden/?gclid=EAIaIQobChMIloalid2N3gIVCuR3 Ch2FYgRBEAAYASAAEgIv8vD_BwE

Haftungsausschluss und Impressum

Der Inhalt dieses Buches wurde mit sehr großer
Sorgfalt erstellt und geprüft.
Für die Richtigkeit, Vollständigkeit und Aktualität
des geschriebenen kann jedoch keine Garantie
gewährleistet werden.

Sowie auch nicht für Erfolg oder Misserfolg
bei der Anwendung des gelesenen.
Der Inhalt des Buches spiegelt die persönliche
Meinung und Erfahrung des Autors wieder.
Der Inhalt sollte so ausgelegt werden, dass er dem
Unterhaltungszweck dient.
Er sollte nicht mit medizinischer Hilfe verwechselt
werden.

Juristische Verantwortung oder Haftung für
kontraproduktive Ausführung oder falsches
Interpretieren von Text und Inhalt wird nicht
übernommen.

Impressum
Autor: Manuel Kolompar
Am Hofgartel 3/6/30
1110 Wien